神様に愛されて
運がよくなる

「龍神ガガの教え」

小野寺S一貴

PHP研究所

まえがき

この本は、僕が『ＰＨＰくらしラク〜る♪』で連載してきた「龍神ガガの教え」に加筆修正を加えて書籍化したものです。

具体的には「神様に好かれて運が良くなる行動」を、いつも僕たちを助けてくれる龍神ガガさんに教えてもらおう！　という内容になっています。

「えっ、神様に好き嫌いってあるの？　日頃の行動で神様に好かれたり、運が良くなったりするの？」

そう思われる方もいるかもしれませんね。答えはイエスです。運は神様が振り分けてくれて、その運のアウトラインは自分でコントロールが可能。日頃の何気ない言動で運が良くなったり悪くなったりするのは、神様に好かれたり嫌われたりの動きがあるから。それはまさに、人間関係と同じです。

ちなみにこの書籍ができた経緯もまさにそれ。二〇一八年に僕がＰＨＰ研究所から出版した『悩みを消して、願いを叶える　龍神ノート』の打ち合わせでのことでした。

僕は誠意を示したいと思い、打ち合わせを電話やメールでは済ませずに本社まで伺《うかが》いました。

すると、そのときに居合わせた『ＰＨＰくらしラク〜る♪』の編集者さんが「せっかくだから」とひとつ企画を提案してくれたんです。うれしかった。

そうしたら、それが好評だったようで、その後の連載につながり、今回こうして書籍として、皆さんのお手元に届けられるまでになったんです。

これも最初に「直に会って打ち合わせしよう」と行動したことが始まりでした。そしてそれが、神様や運を味方にするトリガー（きっかけ）だったとしたら、どうでしょうか。

本書では、そんな行動の指針となる「龍神ガガの教え」をまとめました。

毎月一話ずつお話ししていた、

「金運を上げたい！」

「いい仕事に恵まれたい！」

「家庭運を上げて幸せな毎日を送りたい！」

といった内容を一冊にギュッと濃縮しています。

この一冊が、皆さんの幸運の一助になることをお約束します。

さあ、僕たちと一緒に龍神ガガさんの教えで幸運を摑《つか》みましょう！

小野寺Ｓ一貴

神様に愛されて運がよくなる「龍神ガガの教え」◉もくじ

もくじ

第2章 金持ち体質になる 龍神ガガの教え

第3章　いい仕事に恵まれる龍神ガガの教え

もくじ

第4章 家庭が円満になる 龍神ガガの教え

初出：本書は、二〇一九～二〇二一年の月刊・増刊『PHPくらしラク～る♪』の記事に、書き下ろしを加えて再編集したものです。

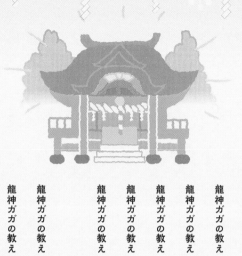

龍神ガガが解説 プロローグ

龍神は、神様と人間をつなぐ存在

日本人は龍が大好き。
でも一体、龍は私たちにどんなご利益をもたらしてくれるのでしょうか？
龍神様に聞いてみましょう。

日本人は昔から龍が好きだったんだね。神社やお寺では龍の絵や彫刻をよく目にするもんね
パン パン
そうね

だけど神社に
祀《まつ》られているのは
神様よね？
お寺は仏様だし、
龍神の役割って
何なのかしら？
ヒュ〜
何だろうね？
バカモン!!
おまえたち
そんなことも
知らんのかね？
わっ!!ガガ様
スミマセン……
神社の神様に
聞かれたら、
指導している我《われ》が
恥をかくではないか。
まったく
我々龍神は
神様仏様に仕える
眷属《けんぞく》なのさ
けんぞく？

ガガが教える

龍神は神様仏様に仕える眷属だった！

「そもそも龍神様って、どんな存在なんでしょうか？」

僕は単刀直入に聞いてみた。

「ズバリ、眷属だがね」

「ケンゾク？」。耳慣れない言葉である。

「わかりやすく言えば、神様に仕える家来のようなものさ」

そういえば、神社にいる獅子《しし》狛犬《こまいぬ》も神様に仕えていると聞いたことがあるが、同じ括《くく》りなのか？

「少し違うがね。同じ眷族でも獅子狛犬はその神社専門で、他の神社との関わりは持てん。しかし龍神は特定の神社に縛られずに神様や人間の間を縦横無尽に飛び回り、縁を取り持つため活動しているのさ」

それだけ与えられる任務も重要なのだと、ガガは胸を張った。

「じゃあお寺にも龍神様はいるのかしら？」

ワカが疑問を口にする。お寺でも龍に纏《まつ》わる話はよく聞く。

「当然いるがね。日本人は大陸から仏教が伝わると、それを柔軟な発想で受け入れた。そのときに仏様を守る龍神もたくさん来日したのだよ」

たしかに仏法を守護する八大龍王など、仏教の経典にも龍神はたくさん登場する。日本人が神様や仏様と関わる上で、なくてはならない存在というわけだ。

龍神は神様や仏様と人間をつなぎ、願いを叶える

もう少し詳しく聞いてみたいと、僕は質問を続けた。

「具体的にはどんな働きをしているのでしょう?」

「大きく分けると『情報の伝達』と『縁つなぎ』だ」

たとえば、僕たちが神社で縁結びを願ったとする。しかし、そこの神様は学問の神様で縁結びは専門ではない。そんなときに、「こいつの願いを叶《かな》えるため、縁結びが得意な神様に協力してくれるよう頼んできてくれ」と、神様が龍神に命令をするのだという。そうやって願いの小包を携《たずさ》えた龍神が神社と神社、時にはお寺を巡り、人々の願いを叶えるために尽力しているのだ。

目には見えない龍神たちが、人々の願いのために空を飛び回っているのである。

「で、それがふたつめの『縁つなぎ』にもなると?」

僕の言葉に、ガガはチッチッと指をタクトのように振った。

「実は龍神には時を操るという特技があるのだよ」

マジか、それはすごい!

「人間の願いを叶えるには、どんなものでも必ず人と人との縁が必要だ」。歌手になるにはいいボイストレーナーとの縁。店を開くにはいい物件を紹介してくれる人との縁など、どんな願いにも最良の縁が必要になる。

「そこで我々が時を操り、出会いを演出するわけさ」

神様へ願いを運ぶだけでなく、縁まで結んでくれる龍神様。絵画では神様や仏様を乗せてお運びする姿を目にします。それだけ活躍の場が多いからこそ、多くの日本人に愛される存在なんですね。

龍神ガガが解説 プロローグ

龍とドラゴンは どう違う？

日本や台湾では龍が大人気。
でも、国によって龍と人間の関係は異なるよう。
国によって変わる龍のイメージについて
教えてもらいましょう。

NOW ON SALE
ドラゴン梅
日曜9時 START
神龍 BAR
GAME
しかし日本人て龍神が好きだよね~
たしかに日本では、神社仏閣だけじゃなく、街中でもいたるところに龍神の姿を目にするわ

でも、そう考えると外国にも龍やそれに似た存在がいるよね？　特に台湾なんかは日本に負けないくらい龍神が好きなイメージがあるし、西洋にもドラゴンがいる
みんな同じ仲間みたいなものかしら？
我々龍神は、その国の文化に合わせて人間たちと関わっているのだよ
その後ろ姿はガガ…
じゃあ、国ごとに龍神と人間の関係性も違うってことですか？
やはり我《われ》が詳しく説明しないといかんようだな

龍はその国や地域の人々の望む形で行動する

「日本の龍神と、西洋のドラゴンは違うんですか?」

僕はガガに聞いてみた。龍の英訳はドラゴンとされているが、アジアでは神聖な存在なのに対し、西洋では人間を襲う怪物として扱われる。つまり受ける印象が真逆なのである。

「仲間ではあるが、性格は違うな。というよりその国や地域の人々にそう望まれた。ただそれだけのことさ」

「その場所の希望に沿うってこと?」と、妻ワカ。

「さよう。我々は国や地域によって人間との関わりを考える。西洋では悪者、怪物であることを望まれ、アジアでは神聖な存在として期待される。それに準じたにすぎんのだ」

なんと! 人間の要望に合わせただけだったとは。


「西洋は一神教が主流だろう? ならばその神と同等の力を持つことはできん。存在するために倒されるべき邪悪な役柄を求められた。だが、日本を始めとするアジア地域では、神様もみんなで助け合うという風習が我々龍神への期待にあらわれ、仲間に加えられた」

そう言うとガガは悪戯《いたずら》気な笑みを浮かべ、

「とはいえ、我々も悪役は嫌だからな。西洋には友人は少ないのだよ」と、片目を瞑《つむ》った。

◆日本の龍神も昔は悪さした？ 各地に残る龍の災い

「ちなみに同じアジアでも龍神との関わり方は少々変わるがね」

「たとえば？」。僕は身を乗り出して聞き返す。

「台湾は龍神大国と言われるだろう？」

台湾では日本にも増して「龍」の字を多く目にする。騎龍観音と呼ばれる龍神の上に観音様が乗る絵が多くの家に貼られているほどだ。

「台湾の龍神は凄まじいデカさでな。守る相手が国そのものなのだよ」

「ひゃー、国丸ごとですか？」。僕はたまげる。

「国が龍神と契約を結んでいるのさ。『この国を守ってください』という感じにな」

「それはすごいな！　だけど日本ではガガさんみたいに個人単位で守ってくれる。それも日本人が望んだ形なんですね」

それが、神様と人間の間に境界線をひかない日本人流のつき合い方というわけだ。

「ところでさ、日本でも各地に龍が洪水を起こした伝説を耳にするけど、あれってどうなの？」。ワカが素朴な疑問を口にする。たしかに仙台の広瀬川にも龍の怒りを鎮めたという橋姫明神の小さな祠《ほこら》がある。

「うーむ……」。ガガは悩まし気に唸《うな》り、言った。

「我々も反省するのだよ……」

「ま、まさか……」

「昔は龍神も少々悪戯をしたものだ。だが我々は人間の願いを叶《かな》え、その喜びの鼓動で生きている。人間を苦しめては自分たちも生きていけん。それを知り、反省してからはそんなバカなことはせんよ」

人間も龍神様も成長する。それも日本人流だ。

第1章

なぜか運がよくなる

龍神ガガの教え

龍神ガガの教え　その1

厄をはらう

**滝に打たれたり護摩行《ごまぎょう》をしたりしなくても、
物事の受け止め方を変えるだけで
厄《やく》をはらうことができるのです。**

あー、やっちまった～

わ～

どうしたの？

ナヌ？

いやあ、今日の仕事、僕のミスで先方に迷惑かけちゃってさ。気をつけてたんだけど大失敗。なんかツイてないなぁ。厄日なのかな～？

タカや。今、厄日と言ったかね？
そりゃ目出たいがね！
は？なんで厄日が目出たいわけ？
そうですよ～
ムムム
そんな話聞いたことないよ…
おまえ。まさか、厄は悪いものだと思ってないかね？
えっ違うの
やれやれ、仕方がない。我《われ》が一から教えるしかないがね
お願いします

ガガの金言

「厄は運が上がっていく兆しなのだよ」

厄は決して悪いものではないのです

「ガガさん。そもそも厄ってなんですか?」。僕は聞いた。

「日本人は運気の巡り（サイクル）の中で、災難が降りかかるときを『厄』と言ったがね」

「つまり運気が落ちるときね」

妻のワカの言葉にガガが頷《うなず》く。

「さよう。だが考えてみたまえ。運気というのは絶えず動いているものだ。時計の振り子のように、良いときと悪いときを行ったり来たりな」

僕は時計の振り子を思い浮かべる。右に行き切った振り子はその分勢いをつけて左へ振れていく。と、いうことは……。

「運が落ちたと思ったら、それはまた上がり始めるタイミングとか?」

正解とばかりにガガは指を立てた。

「ピンポン! 厄というのはいわば、サイクルの底辺だがね。裏を返せば、運が上がっていく兆《きざ》しなのだよ。そんなときは『よし、厄を落としたからこれから一気に運が上がるぞ!』と前向きに捉えることだ」

「もしそこで、自分の運の悪さを嘆き続けたら?」

「そのまま停滞する。本人の思いに引きずられて、上昇できる運も底に落ちたままだがね」

厄を落としたら運が上がる。そう考えることが大事なのだ。

✦厄は分散させるのがコツなんです

「ひとつ質問なんですが」。僕は小さく手を挙げた。

「運気が時計の振り子だとしたら、右に大きく振れれば左へも大きく振れますよね？」

「当然だ」。ガガが首肯《しゅこう》する。

「じゃあ大きな良いことがあったら、その分悪いことも大きくなるってことですか？」

大きな幸運が来たらその分、大厄がやって来るんじゃ元も子もない！　するとガガはチッチッと指を左右に振る。

「バカめ。そこがタカの甘いところだがね」

そりゃ悪かったですね。

「たとえば10のデカさの良いことがあったとしよう。だからといって悪いことも10のデカさでやってくるとは限らん」

「え、どういうことですか？」


意味がわからない。言っていることが違うじゃないかと僕は口を尖《とが》らせる。

「最後まで聞くがね。要はバランスの問題なのだよ。良いことが10のデカさなら、小さな悪いことが10個積み重なってもバランスはとれるのだ」

つまり、大きな良いことがあったから悪いことも大きいとは限らないってことか。小さな「ありゃ！」という出来事がうまく厄を分散させてくれているのだ。

「じゃあ赤信号で止められたとか、靴の紐《ひも》がほどけたとか」

「そんな小さな『ありゃ』の出来事があったら『悪い厄を分散させてくれてるわ』って前向きに捉えればいいのね！」

僕の言葉をワカがつないだ。

「その通りだ。運が悪い出来事に落ち込んだりせず、自分の運の良さを信じることが大事なのさ」

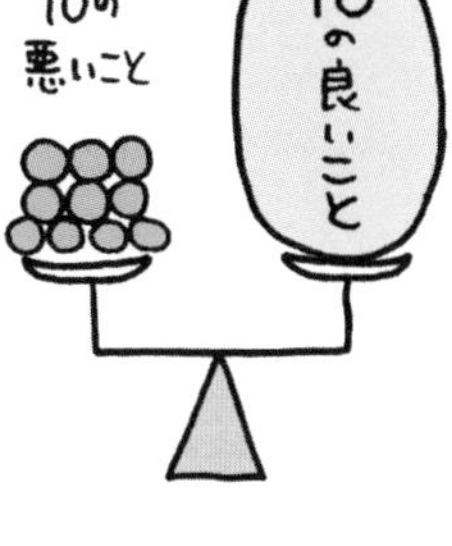

龍神ガガの教え その2

健康運が上がる

健康によくて、開運にもつながる
うれしい食べ物があるそうです。
ガガ様に教えてもらいましょう。

まあね。
人って仕事や家事で
忙しくなると、
つい自分の健康を疎《おろそ》かに
しがちだよね
やれやれ
そうなのだよ。
良い人生の基本は
健康だがね
健康運には
自ら注意を払うと
よいだろう。
日々の運気もより
上がるがね
ガガ!!
健康運で日々の運気が
上がる？　気になるわ。
私たちも健康に注意する
歳《とし》になってきたし、
体にいい食事もしたいし
よかろう。
それでは、日頃から
食べると健康運が
上がる食べ物など
我《われ》が教えてやるがね

「言霊と栄養のダブル効果で開運だがね」

◆健康運を上げるには豆が一番

「ねえガガ。健康運をアップするのに、おススメの開運フードってあるかしら？」。妻ワカが首を傾《かし》げて聞く。

「そりゃあるがね」

自信満々にそう言うとガガは、「聞きたいかね？」と、ギョロリと目を見開いた。

「そりゃもちろん！　ぜひ教えてください」。僕とワカが頭を下げると偉大なる龍神は満足げに説明を始める。僕たちは姿勢を正して耳を傾けた。

「豆が開運につながるがね。豆は『魔滅《まめ》』とも書き、無病息災を祈る意味もあるのだよ。邪気祓《じゃきばら》いにもなって悪いものが入るのを防いでくれるのだ」

「それ、聞いたことあります。京都の鞍馬《くらま》に出没した鬼を、豆で退治した話がありますよね」

僕の言葉にガガは頷《うなず》いた。

「他にもマメに働けるほど健康になるとも言われるがね」

「日本人って言葉遊びが好きですよね」

「やまとことばには霊力が宿ると言われているからな。日本は言霊《ことだま》の国なのさ」

ガガの言葉にワカがパチンと指を鳴らした。

「豆に宿った霊力で、邪気も祓ってもらおうってわけね」

✦言霊だけじゃない豆の力で健康運もアップ！ アップ！

邪気祓いもできるなんてありがたい。なんせ生きていればいろいろあるのだ。

「それだけではないぞ。我は健康運の向上と言ったよな」

「すると豆は健康運も上げるってことでしょうか？」

「さよう。豆には体に良い栄養が満載だがね。たんぱく質、炭水化物、脂質の三大栄養素に加えてだな、元気を保つのに不可欠なビタミンとミネラルも豊富なのだよ」

「ガガってそんな知識まであるんですね、すごいなあ」

僕は思わず仰《の》け反《ぞ》った。

「きっと黒龍さんに聞いたのよ」。ワカが耳打ちしてくる。黒龍は僕についている博学な龍神だ。なるほど、それなら納得。

「ん？ 何か言ったかね？」

いえいえ何も言ってません、と手を振り、続きを促す。

「何より豆のたんぱく質は肉に比べて低カロリーなのだよ。油断すると太りやすいヤツにはもってこいではないかね？」

そう言ってガガは僕のお腹《なか》のあたりをチラ見した。

「は、はい。気をつけます」

慌《あわ》ててお腹を隠す僕。

「ところで、具体的にはどんな食べ方がいいのかしら？」

「グリーンピースやそら豆など、旬のものをシンプルに食うのがベストだが、最近はスーパーやコンビニでミックスビーンズが売られているだろう？ ああいうもので十分だ。様々な豆をまとめて手軽に食べられるからな。それからもちろん、納豆などもいいだろう」

豆で開運。邪気を祓って、健康にも良い。これで全体運もアップ間違いなしです。

龍神ガガの教え その3

仕事運に恵まれる

好きなことを仕事にできればいいですよね。
好きなこと、得意なことを仕事にするということについて、
ガガ様に教えを授かりましょう。

「適職」と「天職」の違いとは?
それを知れば仕事運も自由自在

こういう人たちにとって野球が天職だってことなのかしらね
いや、こういうのは適職っていうんじゃない？
おまえたち、天職と適職の意味も知らんのかね？
あっ、ガガ様
そういえば僕たちもその違いを真剣に考えたことはなかった
仕方ないがね。仕事運を上げるためにもその違いを我《われ》が教えてやるがね

「頑張れば天職が適職になることもあるがね」

✦天職と適職の違いって？

「よく『自分にとっての天職は？』とか『適職は？』という話を聞きますが、そもそもふたつの違いってなんでしょう？」。僕は素朴な疑問を口にする。

「では問おう。タカや、作家という今の仕事は楽しいかね？　心から満足しているかね？」

「もちろんしてますよ。読者に喜んでもらえると本当にうれしいですし」。僕はそう言って笑った。

すると、

「ならばおまえにとって今の仕事は天職ということになる」。ガガが断言した。

「え、どういうことですか？」

「天職というのは、『魂が満足する仕事』を言うのだ。人に喜んでもらえたり、仕事なのにとても楽しく感じる。それが天職だ。しかし、それが金になるかは別なのだよ」

「では適職とは？」。僕は質問を続ける。

「適職は『自分の得意な仕事』だ。それほど好きでも楽しくもないが結果が出る。収入になる。そういう仕事を適職というのだ。仕事は大変であたりまえというのは適職を表した言葉と言っていいだろう」

天職は魂の満足、適職は収入が、それぞれ得られるということだ。

✦天職を頑張れば、その仕事が適職につながる

「じゃあ、いくら魂が満足する天職についてもお金にならないこともあるということですか？」

僕はガガに聞いた。いくら魂が満足しても収入にならなければ意味がない。

「天職を適職にしたければ、とことんまで極めることさ。どうせ好きなら世界一好きになることだ。本当に好きなことなら休んでいる時間すら惜しんで取り組むはずだがね」

成功している人はみんな、人が休んでいるときでも進んで仕事をしている。好きだから、やらずにはいられないから。そういう人が天職を適職にすることができるのだ。

「だけどそんな人、なかなかいないんじゃないかしらね」。妻ワカが言った。

「ならば適職と天職を使い分けることとさ」

「使い分け？」。僕は首を傾《かし》げて聞き返す。ガガの言うことは時にわかり辛《づら》い……。

「誰にでも収入を得るための仕事があるだろう。生活のために仕方なくやっている仕事、それほど好きでも嫌いでもない仕事がそれにあたる。それは適職だ。ならば、それは『収入を得るための適職』と割り切ることだ」

「その他に好きなことをすればよいと？」

「最初は趣味レベルで構わん。金にならなくても好きなことをとことんまですればいい。いずれその天職が適職になるかもしれんがね」

そう言ってガガは笑った。

龍神ガガの教え その4

運がいい家庭になる

運気のいい住環境をつくるには、
幸運を招くアイテムを買うよりも、
もっと先にするべきことがあるようです。

家族みんなの運気が上がる縁起のいい家にしたい

宝くじ
あー。わかるわかる。私の知り合いにもいるわ。家族みんなが妙に運が良いのよ。めっちゃ羨《うらや》ましいわ
ふむ。運が良い家庭にはある特徴が存在するがね
えっ!!
ぜひその秘訣《ひけつ》を教えてください
教えて教えて〜
プリーズ
しかたがない。では我《われ》が教えてやるがね

ガガの金言

「運が欲しければ水場の掃除を怠るな」

掃除が運気を呼び込む鍵になるがね

「家族みんなの運気を上げるためには何が必要ですか?」

僕はガガに問いかける。

「まず、運気を呼び込むのに必要なのは『足すこと』よりも『引くこと』だがね」

ガガの言葉に僕は首を傾《かし》げる。「え? 引くこと?」

「最近は幸運グッズなどがたくさんあって、それをせっせと集めるヤツも多い。しかし大事なのはそこではない」。ガガは僕を指差した。

「タカは汚い場所に座れと言われたらどう感じるかね?」

「そりゃ嫌ですよ」

「だろ?」。ガガは我が意を得たりと笑みを浮かべる。

「幸運グッズの身になってみたまえ。汚い所に置かれて、良いことを起こせと言われても、絶対してやるもんかと思うだろ?」

「たしかに! それに、日本の最高神アマテラスも父神が川で身を清めたときに生まれたんですよね」。僕の言葉にガガも頷《うなず》く。

「きれいで気持ちのいい空間をつくることが幸運を呼び込む鍵になる。一にも二にも掃除なのだよ」

玄関と水場の掃除が大事なのだよ

「では特にどこの掃除をすればいいでしょうか？」。ここはより具体的に聞きたい。

「何はさておき、まずは玄関だ。玄関は気の入り口でもあるのだよ。きれいにするだけで幸運も入りやすくなるがね」。ガガの説明を素早くノートに書き留める。

「じゃあ玄関の掃除は欠かさないようにしなきゃ」。妻ワカもやる気満々で言った。夫婦そろって幸運には貪欲なのである（笑）。

「他に大事なところはありますか？」。僕が聞くとガガはもちろん、と頷く。

「次に重要なのは水場だ。台所や洗面所、それにトイレなどの水場が汚れていると不運を招きかねん」

ガガの言葉に僕はブルっと身を震わせる。不運は招きたくない！

そしてこのガガの教えは風水にも通じているから驚きです。風水とは風（空気）と水で運気をコントロールするというもの。家では玄関からの気の流れを良くして運気を呼び込み、きれいな水場に運気を集めようということなんです。やはり真理はひとつなんでしょう。

「へー。ガガってそんなことまでわかるのね。すごい！」

ワカの言葉にガガがエッヘンと胸を反らせる。

「あとは運気が通りやすいように窓もきれいにするといいがね。家族みんなの運も良くなるはずさ」

と、大きく笑った。

龍神ガガの教え その5

幸運になる心がけ

前項では水場の掃除の大切さを教えてもらいましたが、
結局、家族が幸せに過ごすために
一番大事なことって何でしょうか。

**家族みんなが
円満な関係で過ごしたい**

家庭運を上げるために
掃除が大事なのは
わかりましたが、その他に
気をつけるといいことって
ありますか？

そりゃあるがね。
いくら掃除で家をきれいにしたり幸運グッズを置いたりしても、そこにいる人間の行ない次第で運にも見放されるからな
えーっ
そ…それは…
そ、それは嫌です
絶対嫌！
ならば、家族の運を上げるための家庭での心がけを教えてやろうではないか

「ありがとうの積み重ねが幸せを招くのだよ」

◆ネガティブな言葉を減らすだけでも効果的だがね

「家族みんなの幸運のために僕たちが心がけるといいことってありますか?」

「もちろんだがね」。そう言ってガガは説明を始める。

「運の良い家族に共通しているのは、会話があることだ」

「何でも言い合える関係をつくるってことね」

「さよう。ただしそこで大事なのは、ネガティブな言葉や相手を否定する言葉を少なくすることだ」

特に子供は親の言葉に敏感です。汚い言葉や否定する言葉を聞かされて育った子供は、それが当然と思ってしまいます。悲観的な感情を持つようになって、幸運な出来事にも鈍感になってしまうのです。

「嫌なことがあっても『次はいいことあるねー』とか、疲れているときでも『疲れたけど楽しかったねー』という感じでちょっと言い換えるだけでも、気持ちが前向きになるものなのだよ」

「言い方ひとつで感じ方も全然違いますね」

「そっか。私も早速やってみよう!」

◆「ありがとう」と「笑顔」の積み重ねが幸運を招くのだよ

「ガガは変な龍神様だけど、一緒にいて楽しいわ」

「なに！　変な龍神とはなんだね！　変な龍神とは！」

　騒ぐガガに、僕たちは噴《ふ》き出した。笑い声が響く。

　そこで僕は思った。家族の運気を上げるのに必要なことって……。

「もしかしたら、幸運を招くのに一番大事なのは家族の笑顔なんじゃないでしょうか？」

「ほう。気づいたかね。人間は幸せを感じたときに笑顔になる。ならば、笑顔の絶えん家庭こそが幸運な家庭といえるのではないかね」

　僕は納得して頷《うなず》く。

　人が最も幸福を感じる瞬間というのは、ありがとうと心から思ったときです。感謝の気持ちを感じればうれしいし楽しい。だから笑顔になる。

　裏を返せば感謝の気持ちがないところに笑顔はなく、幸運も訪れないということ。

「『ありがとう』の気持ちこそが、幸運を受け取っている証拠なのだよ」

「そしてその『ありがとう』の数だけ笑顔があり、幸運もあるってことか」

　僕は改めてガガを見つめ、

「僕たちはガガさんにたくさんの幸運をもらっているんですね。笑い声の分だけ」

「そうなのだよ！　もっと我《われ》に感謝するがね」

　いやいや、そこは謙遜《けんそん》するところでしょ。まったくゴーイング・マイウェイな龍神様である。

コラム①

「運ってなに？」

そう聞かれてパッと答えられる人は意外と少ないかもしれません。

ですが僕たちははっきり答えましょう。

「運とは、どれだけ神様に愛されているかの指標である」と。

神様は気まぐれで、たまに僕たちを試すようなこともするけれど、その考えは至ってシンプル。周りに嫌な思いをさせる人は嫌いだし、いつも暗い顔をしている人にも振り向いてはくれません。明るくて誰にでも優しく、そして頼りになる人が大好きなんです。

あれあれ？　これって僕たち人間と同じじゃないですか？　そう！　実は神様に好かれることと、人に好かれることってイコールなんです！

人からは嫌われるけど神様からは好かれている人なんていないし、逆に人に好かれているのに神様から嫌われる人だっていない。

だから結局、運の良い人って人から好かれる人なんです。

みんなに笑顔で接して、困っている人がいたら手を差し伸べてあげる。時には相手のために、厳しい言葉をかけることもできる。そんな強く優しい人こそが、神様に好かれる運の良い人になれるんです。

さあ今日も、ニッコリ笑って元気にいきましょう！

第2章

金持ち体質になる

龍神ガガの教え

龍神ガガの教え その1

みんながハマる落とし穴

お金の誤解を解いてみよう

お金に愛されるにはどうしたらいい？
お金と仲良くなる方法を龍神様が
教えてくれます。

金持ち体質になる

とあるきっかけで
龍神ガガ様と出会った
僕たち夫婦。
ガガだがね
夢に出てきた!!
え!?
神社巡りをしながら、
日本人と
神様の関わりを
学んでいくうちに…

以前と比べて、願いごとがすごいスピードで叶うようになったのだ！
仕事の依頼が来たよ！
ホント？
我《われ》のお陰だがね
今もガガ様に学ぶ毎日。
フムフム
だけどお金って、神頼みしてはいけない気がするのよね……（はしたないような気がして）
ガガ様！お金が欲しいと神頼みしていいの？どうしたらお金と仲良くなれるの？もっともっと教えてほしいです～
教えてください
我にまかせるがね!!

「使うべきときに使えるやつが金にも好かれるのさ」

◆お金を得るってどんなこと?

「よく『お金のことを神様に願っちゃダメですか?』という質問をもらうんですが、どうなんでしょう」。

僕は早速ガガに聞いてみた。

「なぜダメなのだね? 人間は金を汚いものだと思っているのかね?」。ガガが呆《あき》れたように言う。

ガガによれば、お金を得るというのは誰かを喜ばせた結果らしい。繁盛しているレストランは美味《おい》しい料理で、人気歌手は良い歌で多くの人を喜ばせる。お客やファンがもっと増えてお金が巡ってくる。簡単な理屈だ。

だから神様にとって「お金が欲しい」という願いと「他人を喜ばせたい」という願いは同じ意味になるという。そう考えると「お金を欲しがるのはいけないこと」と思えば、神様には「他人を喜ばせるのはいけないこと」と伝わってしまうことになる。

「それは嫌です、はい」

僕は思わず顔をしかめた。すると、ガガが笑って言った。

「だから金が欲しければ堂々と願えばいいがね。そして周りの人を喜ばせ、楽しませたまえ。その行動が祈りとなり神様にも伝わるのだよ」

倹約とケチは違う？　誤解でお金を遠ざけていませんか？

「それから倹約とケチを勘違いしているヤツが多すぎるがね」

「倹約とケチの違い？」。どういうことだろう？

「倹約とは無駄使いをせずに使うべきときに使うことだ。これはまったく問題ない。しかし、ケチなヤツは金を使うこと自体を嫌う。これは使うべきときにも使わんということだ。当然、他人のために使う金も出し渋る」

そうか。僕はピンときた。

「ケチな人は他人のためにはお金を使いたくないと思う。それは人を喜ばせるのを嫌がっているということですね？」

「さよう。そしてそれを世の中の法則に当てはめるとどうなると思う？」

世の中の法則では周りにしたことがそのまま自分に返ってくる。良いことも、悪いことも。僕はケチな人のケースを世の中の法則に当てはめてみた。人を喜ばせることをしない。人のためにお金を使わない。それがそのまま自分に返ってくる……。

「誰も自分を喜ばせてくれず、お金も出してくれなくなる」

なんとまあ恐ろしい。僕はブルっと身を震わせた。

「金を得るということは自由を手に入れることだ。

好きなものを買える自由。行きたいところに行ける自由。そして……」とガガがこちらを見つめて言った。

「好きな誰かを喜ばせる自由さ。それをどう使うかで金の流れは大きく変わるがね」

龍神ガガの教え その2

貯金っていけないの？

使うタイミングを逃すと
お金に嫌われる理由とは？

良い貯金、悪い貯金があるそうで……
龍神様、
どういうことなのでしょう？

金持ち体質になる

何しているのかね？
貯金額を見てるんです。何かのときの安心のためです
あっガガ様
○○BANK

おまえ、良い貯金と悪い貯金って知っているかね？
えっ!? そんなのあるんですか？
何？
悪い貯金をしていると、金に嫌われて逃げ出されるぞ
えー。それは嫌です。お金に好かれる貯金の方法を教えてください！

「人も金も自分の能力を発揮したいのだよ」

一番の無駄とは「お金をがっかりさせること」なんです

「金に嫌われるヤツの特徴を知っているかね?」

「わかりません。ぜひ知りたいです。教えてください!」

ガガの言葉に僕は喰《く》いついた。絶対に聞きたい!!

「よかろう。まず金をがっかりさせるヤツは嫌われる」

「がっかりさせる?」

はて、一体どういうことだろう。

「人間も自分の得意分野で力を発揮させてもらえなければがっかりするだろ?」

「しますね」。即答。自分の活躍の場を奪われれば誰だって悲しくなるだろう。

料理が得意なのに料理をさせてもらえない。サッカーが得意なのに試合に出させてもらえない。そりゃ、がっかりするのも当然だ。
「それを金の立場に置き換えてみたまえ。人に喜ばれる使い方をされれば金もうれしいのさ。その喜びが大きく、人数が多ければ余計に喜ぶ」
「では、本当にやりたいことにお金を使わずにいると……」
僕はお金の気持ちになって考えてみた。自分の力で人を喜ばせられるのに力を発揮できない。すごくがっかりだ。

◆お金を遠ざける貯金と、好かれる貯金の違いとは

「では貯金などはお金を使わないことになるのでイケないんでしょうか？」

「ふむ。これも少し詳しく教える必要があるだろう」。ガガはそう言うと説明を始めた。

「目的のある貯金ならいいがね。家族旅行をするためとか、子供が好きな学校に行けるようにとか、大切な人のための貯金ならなお良い」

「自分の力を発揮するためにお金が待機しているという感じですかね？」

「さよう。金もその活躍のときをワクワクして待っている。しかし、目的のない貯金は金を遠ざけることになる」。ガガがピシャリと言い放つ。

「たとえば？」

「何かあったときのための貯金はある程度は構わん。しかし、不安だから、金があると安心。そういう理由で過剰に貯金に励《はげ》むのは問題だ。『金を貯《た》めることが目的』になってしまっているからな」

使うあてもなくジッとさせられるお金の気持ちになると、たしかに気の毒に思えてきた。試合に出させてもらえずにずっとベンチを温めている選手のようだ。あ、それは野球部時代の僕か？（笑）

「するとだね、金も嫌になって自分で出て行ってしまうのだ。車が故障するなど、急な出費が重なるときはこの可能性が高い」

そ、それは困る。僕は顔をしかめた。

使うべきときに使う。そういう目的を持った貯金をするのが大事なんですね。

龍神ガガの教え その3

お金に愛される人、嫌われる人

それがわかればあなたも
自由自在にお金とつき合える!

金持ち体質になる

お金に愛される人は何が違うのでしょうか。
お金に嫌われないとっておきの秘密があるのです。

そうでしたよね。
では早速
誰かに
プレゼントして
喜ばせよう！
ダイヤかな？
バッグとか？
おぉ…
やれやれ……
それでは
いつまで
経《た》っても
おまえの金運は
上がらんがね
え、
なんで？
同じ贈り物を
するのでも
心遣いが
必要なのだ。
具体的にはな
……
フムフム
ち…近い…

「人を喜ばせた分、金はおぬしを好きになるがね」

お金の気持ちを上げれば金運も上がる

「ガガさん、お金に好かれるために、何か日頃のアドバイスはありますか?」

「そりゃあるがね。金に気分良くなってもらうことだ。気持ちを上げてやるのだよ」

「具体的にはどうすれば?」

「自分に置き換えてみたまえ。誰かを喜ばせようと贈り物をしたとする」

僕は友達に誕生日プレゼントする場面を想像してみる。

「そのとき、相手に『高かったでしょう。なんかスミマセン』と言われるのと、『こんな良いものをありがとう! 欲しかったんだ』と喜ばれるのと、どちらが気持ちいいかね?」

「そりゃあ『ありがとう!』って喜んでくれるほうがうれしいわよ」。ワカが言った。誰だって喜んでもらえたらうれしいのは当然だ。

「金も一緒なのだよ。何かを買ったときに『高いなー、お金がもったいない』よりも『お金さんのおかげで素敵なものが買えた! ありがとう』と思われたいがね。自分の力で人を喜ばせたのだからな」

失ったお金を悲しむより、欲しいものを買った喜びを意識すればお金もうれしいのです。

さりげないプレゼントで人を喜ばせれば金運も2倍！

「ガガさん、他にもお金に好かれるコツを教えてください」

僕たちは「ははー」と頭を下げる。

「よいがね。まず、同じ金を使うのでも人のために使えば金運はさらに上がる」

「喜ぶ人が増えればお金もよりうれしいわけですね」。僕はなるほど、と頷《うなず》いた。

「さよう。金も多くの人に喜ばれれば幸せだ。だからそういう使い方をしてくれるヤツのところに集まってくるがね。わらわらと」

僕はお金がわらわらと集まってくる様子を想像して頬を緩《ゆる》める。たまらない（笑）。

「だが日本人は律義《りちぎ》なヤツが多いからな。人から何かをしてもらえば、必ずお返しをしなきゃと考える」

「たしかにそれだと負担を強《し》いることにもなりかねないわね」。ワカが言った。

高価なものをもらえば負担と感じる人もいます。何か下心があるのでは？　と思われてはせっかくしたことが無駄になってしまうかも。

「友達や同僚にしてあげるのであれば、さりげなさがコツだがね。ちょっとした飲み物をご馳走《ちそう》する。小さなお菓子を贈る。相手に負担を感じさせず、素直に『ありがとう』と言える環境をつくってやることだ」

「相手に負担を感じさせないのが大人ってわけか。こういう心遣いが大切なんですね」

ちょっとした心遣いがあなたの金運を上げていきます。

龍神ガガの教え その4

あなたにとってのお金持ちとは？

明確にすると お金の巡りが変わります

あなたが、お金持ちになるなら
どんなお金持ちになりたいか、
考えてみませんか？

金持ち体質になる

タカや、それでは神様が困ってしまうがね
え、なんでですか？
おまえの願いにはな、成功者と言われる人たちが皆持っているものが欠けているのだ
ガーン
それが何か、知りたいかね？
オフコース!!

「金持ちの定義とは人それぞれなのだよ」

◆「お金持ち」とはどんな姿？

「神様が困っているがね」

「神様が？」。一体何に困っているんだろう。僕はガガの言葉に耳を傾ける。

「神社で『金持ちになりたい』と願うヤツがいるだろ？」

「いるでしょうね」。お金の願いごとが多いのは想像できる。「しかしだ。そいつが何を欲しているかがわからんそうだ」。

「お金がわんさか欲しいだけなんじゃないの？」。ワカが聞き返した。

「バカめ。神様は具体的にどんな環境を望むのか、を知りたいのだ。貯金が一〇〇万円あれば金持ちというヤツもいれば、外車を所有するのが金持ちというヤツ。自家用ジェット機がなければ金持ちとは言えんというヤツだっているのだよ」

「なるほど、人によってお金持ちの定義は違うわけですね」。僕は納得して頷《うなず》いた。

「さよう。だから自分がどういう環境になりたいかを願わなければ、神様だってわからんがね」

漠然と「お金持ちになりたい」と願うのではなく、自分にとってなりたいお金持ちの定義を考えてみましょう。

自分のなりたい姿がわかれば道筋も見えてくる

「自分のなりたいお金持ちの定義がわかれば神様にも伝えやすくなりますね」

「さよう。そして長く人間たちを見てきたが、成功者と言われているヤツは例外なく自分なりの金持ちの定義を持っていたのだよ」

「例外なく？　マジですか！」。僕は感嘆の声を上げた。これさえわかればきっと神様にも伝わるはずだと自信が湧いてくる。

「そして金持ちの定義が明確になれば、もうひとつ良いことがあるのだ」

「なんと！　それは一体？」。期待値マックス。

「金持ちになるために今、自分がどの位置にいるかがわかる。そして何が必要かが明確になるのだ」

二〇〇万円の車を所有するお金持ち、という願いがあったとする。今、乗っている車が一〇〇万円だったとすれば、すでにその人はお金持ちになる道のりの半分まで来ているということだ。それに気づけば、やるべきことが明確になり俄然《がぜん》やる気も出る。

「自分のやるべきことがわかれば、あとは一生懸命に頑張ればいい。するとその姿が祈りとなり、神様がしっかり後押しをしてくれるだろう」

　自分のお金持ちの定義を決めれば、自分の現在地がわかります。あなたはどの位置まで来ていますか？　意外と自分の望むお金持ちの定義にすでに当てはまっていた、なんて人もいるかもしれませんよ。

龍神ガガの教え その5

お金の力を活かしてる？

能力を発揮できる環境に お金も集まってくる！

同じ「お金を使う」でも
天と地ほどの違いがあることを
知っていますか？

金持ち体質になる

ガガさん。お金も
どのようなことに使われるかで
気分の善《よ》し悪《あ》しが
変わるんでしょうか？

そりゃ当然だがね。
タカや、おまえだって
自分の価値を認められたら
うれしいだろう？
そりゃ
もちろん
では
金の価値とは
何かね？
自分と引き換えに
その人が何を
得られたかが
お金の価値となる。
ということは……
では、
詳《くわ》しく学んで
みようでは
ないか
ハイ！

「使い方だけで金に好かれるタイプかどうかがわかるがね」

お金は気持ちよく使ってくれる人が好き

「普段の生活の中でも金運を上げることはできますか？」

「当然できるがね」

「ぜひ、そこんとこ詳しく知りたいです」。僕と妻ワカはそろって声を上げた。

「世の中の法則を思い出すがね」。世の中の法則、それは人にしたことがそのまま返ってくるという法則だ。良いことも、悪いことも。

「次にそれを金にあてはめてみたまえ」

「人のためにお金を使えば、自分のためにお金を払ってくれる人が増える、と？」

「その通りだ。そして気持ちよく金を使えば、気持ちよく金が入ってくる。なんせ金には意識があるからな」

「へ？　お金にも意識があるんですか？」。僕は言った。

「そうなのだ。そして金たちは噂《うわさ》話が好きでな。その手の話はすぐに広まるのだよ」

「あの人は気持ちよくお金を使ってくれるよ。僕たちの価値を存分に発揮させてくれる人なんだ」。そんな噂が広まり、お金たちがわいわいと集まって来る。そんな光景を想像しただけでワクワクしませんか？　僕はしますよ（笑）。

龍神流、お金の価値を最大限発揮させる方法を教えます

「それでガガさん、お金の価値を発揮させてあげる良い方法を聞きたいんですが」。僕は期待を込めて聞いた。

「よーし。よく聞くのだぞ」。ガガが話し出す。

「人間が金を使う目的は大きく三つに分けられるのだよ。『消費』『投資』そして『浪費』だ」

「消費」は毎日の生活に必要なこと。食費や水道光熱費、日用品代などが含まれます。

次に「投資」、これは将来の自分の知識や能力、財産を増やすためのお金。勉強のための本、英会話教室、健康のためのジムなどがそうです。

最後が「浪費」、これは払ったお金よりも将来にわたって得るメリットが少ないもの。見栄《みえ》のためのブランド品などはまさにこれにあたるでしょう。

「自分の金の使い道を思い返してみるがね。投資が多く、浪費が少なければ金の価値を存分に発揮させていると考えてよいだろう。金も自分の価値を認められたと感じて、喜んでいるはずだ」

「では浪費が多ければ……」

「払った金よりも得たものの価値が低いということだ。それでは金も『え、僕の価値ってそんなもの?』とガッカリしてしまうがね」

「それじゃあ、お金にも嫌われちゃうかもね、うん」。ワカが頷《うなず》いた。

使い方ひとつでお金に好かれる体質をつくれます。自分のお金の使い方をチェックしてみましょう。

龍神ガガの教え その6

お金が欲しいのは「やりたいこと」があるという素敵なこと

なぜ、お金が欲しいのか？
それがわかると
自然と貯まっていくようです。

金持ち体質になる

お金は喜んで自分たちを使って欲しいわけですよね
え〜と
さよう。そういうヤツのところに金は集まるのさ
でも具体的にどんなことに使えばいいんでしょうね？
うーん
おい。それくらい考えたまえ。そんなこともわからんのかね？
では有意義に金を使えるようになる方法を教えてやるがね

ガガの金言

「大事なものがあれば自然と金運は上がるのだよ」

お金を求めるとは「やりたいこと」があるということ

「ガガさん、この章の最後に、お金を求める上で一番大事なことを教えてもらえますか」

ガガはうむ、と顎《あご》を引くとゆっくりと話を始める。

「そもそも人間はなぜ金を求めるのか？　それは『やりたいことがある』ということの裏返しでもある」

「もしかして、お金はやりたいことに必要なツールだと？」

「さよう。闇雲に『金が欲しい』とか、『金さえあれば安心』と、金を得ることが最終目的になっているヤツには思うように金は巡ってこない。自分はこれがしたいから、そのための金が欲しい。そう願われれば神様も金も、その目的のためにそいつを応援したいと思う。考えてもみたまえ、神様は何を望んでいるのかを」。ガガは試すように僕らの顔を覗《のぞ》き込んでくる。

「そりゃあ、楽しくワクワク弾んだ魂です。そういう魂を神様も、龍神様も力に変えていると教わりました」

「その通りだ。やりたいことをすれば人間は幸せになるのだ。そのために必要ならば、神様も喜んで金との縁をつないでくれるのだよ」

✦あなたにとって一番大事なものは何ですか？

「そして最後にもうひとつ良いことを教えてやるがね」

「ぜひお願いします」。僕とワカが声をそろえる。

「自分にとって何が大事か。それをしっかり認識しているヤツは金の使い方もうまい。金にも好かれるがね」

「大事なものというと、家族とか子供とかでしょうか？」

「さよう。家族や恋人、仕事や趣味というヤツもいるだろう。それを自分でしっかり認識することが大切だ」

それがお金の使い方とどうつながるのだろう？　僕は、はてと首を捻《ひね》った。

「人間は大きな決断を迫られたとき迷うだろ？　だが大事なものがわかっているヤツはそれを優先して考えられる。大事なものにどんな影響があるか？　基準が明確だから決断に迷いがなくなる。その結果、後悔することも減る」

「迷いがないからお金を払うときも気持ちよく払えるってことかしらね、きっと」。ワカの言葉にガガは満足げに笑った。

「大事なもの。好きなもの。それがあるヤツは強いのだ。なぜなら『喜んで金を使えることがある』んだからな」

「そうか！　お金は使う人を喜ばせたい。そのためにはその人に大事なものや好きなことがあればあるほど喜ばせるチャンスが多いのか！」

あなたにとって大事なものは何ですか？　それがあなたの金運を上げるスイッチです。

コラム②

最近気になるのが、「お金は使えば入ってくる」という風潮です。さて、本当にそうでしょうか？

僕はこれにひと言付け加えることを、おススメします。

「お金は適切に使えば入ってくる」とね。

じゃあ、適切って何かというと、人を笑顔にすること。

これは自分の欲しいものを買うとか、そういうことだけではありません。自己啓発のために使い、成長した自分に喜ぶとか。投資によって仕事の質を上げてお客さんに喜んでもらうのもそう。人助けのために使うお金もそうですよね。

特に他人のために使ったお金は戻って来やすい。なぜなら、自分だけでなく相手にも喜んでもらえるから。笑顔になる人は多ければ多いほどいいわけです。

実はいい仕事をすれば給料が上がるのも同じ理屈です。いい仕事のためには少なからず自分への投資は必要ですが、その分お客さんも喜ぶし、会社も喜ぶことにつながりますから。

金運を上げるのもこれと一緒。自分だけでなく、周りの人たちも含めて喜ぶようなお金の使い方を心がければいい。すると必ずお金は巡ってきます。逆にお金が巡っていないと感じたら、使い方が間違っている可能性が大きいです。そんなときは、今の使い方を考え直すきっかけにするといいでしょう。

大丈夫。間違えたらやり直せばいいんです。

気がついたらその都度、何度でもね。

第3章

いい仕事に恵まれる

龍神ガガの教え

龍神ガガの教え その1

給料アップに仕事の安定

その願いに
最も必要なこと、教えます

龍神様に
家族が仕事に恵まれるヒケツを
教えてもらいます。

いい仕事に恵まれる

上司に評価されないとか、
給料が
上がらないとか……、
どう答えれば
いいのでしょう？
うーん
やれやれ
おまえ、
バカかね
どんな仕事でも
評価されたければ
やることは
ひとつなのだよ
え。それは
なんでしょう？
仕方ない。
我《われ》が教えて
やるがね

「給料を上げたきゃ人に好かれるしかないがね」

◆お金を運んできてくれるのは人だと心得る

「仕事で『頑張っているのに評価されない』と悩んでいる人が多いんですが、どうすればいいんでしょうね？」。僕はガガに問いかける。

偉大なる龍神は怪訝《けげん》な顔でこう言った。「簡単な話さ。わからんのかね？」。

呆《あき》れた声が飛んでくる。ス……スミマセン。僕は首をすくめる。

「では問おう。仕事を評価するのは誰だ？」

「ま、上司や小さい職場なら社長とかよね」と、ワカ。

「さよう。つまり、給料の額を決めるのも、払ってくれるのも、仕事の評価をするのも、すべて感情を持つ『人』なのだよ。機械でもロボットでもない」。ガガがピシャリと言い放つ。まあ、たしかに……。

「じゃあ、ガガさんは仕事の評価をする上司や社長に好かれるしかないと言うんですか？」。僕の言葉にガガがニヤリと笑う。

「当然だ。しかし、別に媚《こび》を売れというわけではないのだよ。我がいつも言っているだろ？『相手に喜ばれれば、必ずいいことが返ってくる』とな」

✦人に好かれるとは、相手のニーズに応えるということ

「でも一概《いちがい》に『喜ばせろ』と言われても難しいと思いますが？」。僕は疑問を口にする。

「おまえバカかね！　その相手と仲良くなればいいではないか。そしてその人が自分に求めている本音を知るのだ」

　ちなみにこれはどんな場合でもそうらしい。顧客を喜ばせるにも、恋人を喜ばせるにも、自分に何を期待しているのかを知らなければ満足を与えることはできない。とはいえ……、

「いやいや……そんな簡単に本音なんてわからないでしょう」。それがわかれば苦労しない。

　しかしガガは、

「今の時代こそ、飲みニケーションが大事なのだよ。会社員なら酒の席に出かける。すると職場では聞けない本音が聞けたりするものだ。パートタイマーならちょっとしたランチなど、積極的に計画してみるのもよいだろう。上司や同僚がどんな仕事観や理想を持っているのか？　それを知れば自然と、自分がすべきことが見えてくるがね」

　龍神は最適な同僚や上司と縁をつなぐことはできるが、その縁をどれだけ活かせるかは本人次第ということだ。

「職場のイベントには積極的に参加して人脈を広げるといいがね。同僚や他の部署の人と仲良くなれば助けてもらえる確率も上がる。仕事もしやすくなるだろう」

　それだけで仕事運が上がるなら安いものかもしれない。

龍神ガガの教え その2

身内の仕事がうまくいく！

家庭でできるこんなこと

いい仕事に恵まれる

龍神様によると、家庭にいながら、
夫の出世を後押しする
簡単で効果抜群のヒケツがあるようです。

でもさあ、
仕事運っていっても
仕事している人ばかり
じゃないいじゃない？
たしかに、
家庭の主婦
なんかは
夫の仕事に
アレコレ言えない
場合のほうが
多いよね

バカめ、
やはりおまえたちは
まだまだなのだよ
まだまだとは失礼な…
じゃあどうすれば
いいんですか？
ニヤリ
やれやれ、
出来の悪い
タカのために
説明してやるがね

ガガの金言

「夫を出世させる鍵は妻が握っているのだよ」

夫の出世も自分次第と心得る

「家庭の主婦などが夫の仕事運を上げるために家でできることってありますか？」。僕はそんな疑問を振ってみる。

「もちろんあるがね。というより、夫の出世は妻次第で如何様《いかよう》にもなるのだよ」

え、マジで？　僕は目を丸くした。

「じゃあ、夫が出世しないと嘆く人は、実は自分が足を引っ張っている場合もあるの？」

「さよう。そういうケースのほうが多いのではないかね」

そう言ってガガは不敵な笑みを浮かべて続けた。

「夫がストレスを感じずに能力以上のパフォーマンスを発揮できる。そんな家庭をつくるのは一番身近にいる妻にしかできんことなのさ」

「具体的には？」。ワカがさらに突っ込む。

「簡単なことだ。具体的な未来の姿を妻が具現化することさ。どんな家に住み、どんな生活をしたいか。そうすれば夫もそれに向けて協力してくれるはずじゃ。仕事へのやる気も俄然《がぜん》出る。すると仕事も自然とうまく回り始めるのさ」

✦大事なのはアメとムチ

「なるほど。その他にも大事なことはありますか？」

僕の問いにガガはふうむと顎《あご》に手をやった。

「人前で夫のことを立てることだがね。男は単純だからな。そんな妻の期待に何とか応えようと思うものだ」

僕は自分に置き換えてみた。たしかに人前で自分を立ててもらえたらうれしいし、絶対期待に応えようと思うだろう。

「じゃあもし人前で夫の悪口を言うなんてことは……」。恐る恐るワカが聞く。すると、

「論外だ。期待されなければ人のモチベーションは上がらん。自信の持てないヤツほど親に『おまえはダメだ』と否定されてきたヤツが多いのもこのためだがね」

「妻に虐《しいた》げられていては、その妻のために仕事を頑張ろうとはなりませんものね」

僕は苦笑いを浮かべる。

するとガガは指をピンと立てて「しかし」と続ける。

「アメばかり与えてもイカン。ダメなところはきちんと正すことも大事だ。褒めてばかりでは男もつけあがるからな。そのバランスが大事なのだよ」

「そうそう。男はすぐに調子にのるからね」。ホッとした様子でワカがケラケラと笑う。

僕はちょっと首をすくめる。はい、気をつけます……。

「しかしムチは〝家の中で〟に限るがね。人前で恥をかかせると男もヘソを曲げるからな」

ガガはそう言って大きな口を開けて笑った。

龍神ガガの教え その3

部下や同僚、仕事仲間が仕事を覚えてくれない！

そんなときの処方箋

仕事ぶりに注文をつけたくなる同僚や後輩。
まずあなたの行ないを変えれば、
相手の行動も変わり、
あなたの不満も消えていくのです。

いい仕事に恵まれる

だから何度も言ったでしょ！なんでわからないの！

何もこんなお客に聞こえるほど怒ることないのにね
あれじゃ若い店員も嫌になるよな
そうなのだよ。相手が思い通りにならないことに腹を立てる前に、するべきことがあるのだよ
え、どういうことですか？
しょうがない。我《われ》が教えてやるがね
ハイ

ガガの金言

「周りの人への不満は自分への不満なのだよ」

部下を育てたいなら自分が信頼に足る上司になる

「仕事のできない部下や後輩に困っている人も多いと思うのですが、うまく育てる方法ってあるんでしょうか?」。会社員時代を思い出しながら聞いてみる。

僕も結構苦労したのだ。

「未熟者め。そもそも順番が逆なのだよ」

「逆?」。どういうこと?

「世の中にはある法則があってな。自分のしたことが返ってくるのだ。良いことも、悪いことも」

「その部下も自分の鏡のようなものだと?」。僕の言葉にガガはご名答、と指を立てた。

「まともな部下を育てたいなら、まず自分が信頼に足る上司になることだ。上司が部下に対し『期待に応えてくれない』と不満を抱いているように、部下だって上司に同じ思いを抱いているものだ」

「外に不満を抱く前に自らを省《かえり》みろってことね」。

ワカがふむふむと頷《うなず》いた。

「不満を持っているヤツほど自分のことは見えていないものだがね」

まずは自分が部下の信頼を得ることが大事なのです。

✦ちゃんと見てもらえているという意識が相手を育てる

「一口に『信頼に足る上司になる』と言われても、具体的にはどうすればいいですかね？」

ここはより具体的な行動を知りたいところだ。

「ただ『あれをしろ』『これをしろ』と言われても部下も何を目指していいのかわからんだろう。具体的に目標を設定してやり、こまめに進捗《しんちょく》を確認してやるのだ」

ガガの説明に僕はなるほど、と膝を打った。

「たしかに会社員時代に逐一確認してくれる上司には『ちゃんと僕の仕事を見てくれてるな』とうれしくなりました」

それに、と僕は顔を上げて姿勢を正して続ける。

「この信頼に応えようと気合が入りましたね」

僕のその言葉にガガは相好《そうごう》を崩す。

「そうなのだ。そして目標をクリアすることで達成感を味わうことができる。当然、次の仕事への活力にもなるがね」

明確な目標を設定してあげること。その進捗をきちんと確認すること。それだけで信頼関係も芽生えるはずです。

「あとは部下の言い分にもしっかり耳を傾けることだ。上から目線の上司は最も嫌われるからな」

会社員でもパートでも信頼関係が大事ということ。

そしてこれは家庭での子育てでも同じことが言えます。良い子育てをするためにもどうぞ参考にしてください。

龍神ガガの教え その4

子供の受験、就活がうまくいかない!

そんな悩みを絶つ龍神流解決術

子供をやる気にさせる方法、
子供の進路についてです。

いい仕事に恵まれる

そういえば受験の時期かぁ～。親としては心配な季節かもね
受験に就職、子供の進路には親もやきもきするでしょうね
親の思いよりも、子供がどうしたいかが大事なのではないかね？
ハッ？
たしかに、親が「勉強しない」と悩んでももとを正せば子供本人の問題なんですよね
そうなのだよ

「子供がその気にならなければ無理なのだよ」

◆本人にその意思がなければいくら言っても無理

「今の時代、子供の受験で悩む親も多いと思うんですが、子供の進路で親ができることってありますか？」。子供の進路は親としては悩みが尽きないところだと思う。

「ではその子供はどう考えているのかね？」

ガガの問いかけに僕はハッとした。

「たしかに。いくら親が心配しても本人がその気にならなければ意味がないですね」。僕は腕を組んで頷《うなず》いた。

ガガの言う通り、いくら「勉強しろ」と言ったところで本人にやる気がなければどうしようもない。

「そもそも教育の目的を考えてみたまえ」。ガガが核心をついてくる。

「子供が将来しっかり自立するため……でしょうか？」。僕は思ったままを口にしたが、ガガはそれに大きく首を縦に振った。

「さよう。親の理想を押しつけることでも、親の叶《かな》えられなかった夢を代行させるためでもないのだよ」

まずは本人が何を望んでいるのか？　それを尊重することから始まるのだ。

大事なのは本人をやる気にさせること

「では子供がやる気を出すのに有効なことってありますか?」。期待をこめて僕は聞いた。

「自立に必要な力を育てることさ。『自分を肯定させる』『達成感を味わわせる』。まずはこのふたつを実践したまえ」

「じゃあ親が『これじゃダメよ』とか『本当にできないんだから』とか言っていると、自己を否定されることになるから……」

「当然逆効果だがね、子供の自立は遠のくだけだろう」。そう言ってガガはひとつため息を吐《つ》く。そんな親を見るたび龍神たちも悲しいそうだ。

自己を肯定する力は親の言葉の影響を大きく受ける。「認める」「褒める」、これを繰り返すことで子供も自分に自信がついてくるからだ。

「次の達成感を味わわせるというのは?」。僕は続けて聞いた。

「目標に向けてアドバイスを送り、自分の力でやり遂げさせることだがね。その達成感が自立を早めるのだよ」

子供は自分を認め、行動することで自立していく。

ここで「しかし!」と、ガガが続けた。

「あくまでも決断し行動するのは本人だ。最後は子供に判断を委《ゆだ》ねる。一人の人間として人格を尊重することを決して忘れてはいかんがね」

子供がどの道を選んだとしてもそれを尊重する。それが親ができる最大の優しさです。

龍神ガガの教え その5

子供を仕事のできる人間に育てるには？

龍神流教育法を伝授します

いい仕事に恵まれる

子供を「メシが食える大人」に
育てるためには褒めることが大事。
その褒め方にも、押さえておくべき
ポイントがあるそうです。

ワカって子供の頃から
そうだったの？
まーね。
命に危険がない限り、
親からも
止められなかったし
それが大事なのだよ
え、
何がですか？
子供には
好きなことや
夢中に
なれる
ことを
徹底的に
させたほうが良いがね
しかもだ！
そういう子供は
仕事もデキル
大人になる。
もちろんそれには
理由があってな……

ガガの金言

「達成感を味わわせる。それしかないがね」

集中力をつけるために大事なこととは?

「子供を仕事のできる大人に育てるのに何かいい方法はありますか?」。僕はガガに聞いてみた。

「もちろんだ。まず好きなことを見つけたら徹底的にやらせてみることさ」

「それはどうしてでしょう?」。そこんとこ詳しく聞いてみたい。

「よいかね? 仕事のできるヤツには集中力があるのだ」

「はいはい」。僕は頷《うなず》く。

「その集中力をつけるために好きなことをさせるのだよ。人間は好きなことには集中できるものなのだ」。ガガが「そんなこともわからんのかね?」という顔をする。

ああ、なるほどと合点がいった。

「つまり夢中になるってことですね!」

「さよう。だから集中力があるヤツは、好きなこともたくさんある。夢中になる時間の分だけ、集中の練習になっている。結果、集中したいときにできる力が身についていくのだよ」

好きなことを徹底的にやらせてみる。それだけで、子供は自然と集中力のある大人になるのです。

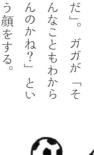

やり遂げたことを褒める。これが大事

「たしかに仕事のできる人ほど、没頭できる趣味を持ってることが多いですね」。忙しい人ほど、「どこにそんな暇《ひま》があるの?」と周りが感じるくらい趣味を楽しんでいる。

「他にも何かアドバイスはないでしょうか?」。僕は続けて聞いてみた。

「やりたいことは最後までやらせること、そしてやり遂げたときはとにかく褒める。それが大きなポイントさ」

「いわゆる褒めて伸ばすというやつですね」。僕は素早く「龍神の教えノート」に書き留める。すると、

「しかし、注意も必要だ」

ガガはそう言って指をピンと立てる。

「他のヤツと比較して褒めるようなやり方はイカンがね」

あの子に勝ったわね、あの子よりも優秀だわ。そんな褒め方では、自分が他人との優劣で褒められたと思ってしまいます。気がつかないうちに周りの人を見下したり、バカにしたりする嫌な大人になってしまう場合も。ですから、

「褒めるときは結果だけでなく、頑張った過程を褒めたまえ。そうすれば子供も『次はもっと頑張るぞ!』と挑戦する力が湧いてくるがね。それが成長へとつながるのだよ」

「それに過程を褒められると、子供も『ちゃんと見てくれている』と安心しますよね」

「そうなのだよ」

偉大なる龍神はそう言ってニッコリと微笑《ほほえ》んだ。

コラム③

働くとは、周りの人たちを楽にすることに他なりません。

傍《はた》を楽にするから「はたらく」。

どんな仕事でも、その先に喜んでくれる人がいます。

料理人は美味《おい》しい料理でお客さんを笑顔にできるし、電車の運転手は乗客を時間通りに安全に目的地に運ぶことで安心を提供しています。配達員は荷物で人と人とをつないでくれるし、コンビニやスーパーの店員は笑顔の接客で、お客さんを和《なご》ませることができます。

利益が出れば会社が喜び、もらった給料で自分を含めた家族が楽になるわけです。

ほら、働くことで、周りの人たちを笑顔にしているじゃありませんか。

前章のコラムで、金運を上げるには人を笑顔にするお金の使い方をすると書きましたが、実は仕事も理屈は同じです。お金で人を笑顔にするのも、仕事で顧客を笑顔にするのも効果に変わりはありません。もちろん、いい意味でね。

だから「人のためにお金を使いたくても、そのお金がありません」と嘆く必要はない。今、自分のしている仕事の先で、笑顔になっている人が必ずいるんですから。

家事だって家族を楽にする立派な仕事だし、子供は学校で楽しく学ぶことが親を喜ばせる仕事になっています。

僕らがやるべきことは、今目の前にあることにしっかり取り組むこと。仕事でも遊びでも、なんでもです。そうすることが、社会全体を明るくしてみんなの運気を上げていく。

誰もが運気の担《にな》い手になっていることを、どうぞお忘れなく！

第4章

家庭が円満になる

龍神ガガの教え

龍神ガガの教え その1

ちょっと冷めている感じの
夫婦関係を改善したい

家庭が円満になる

日々の会話も少なく、
なんとなくギスギスした関係。
家庭がそんな雰囲気だったら
何とかしたいですよね。

そうなのだよ。
しかも人間同士でも冷たそうに
感じる家庭や夫婦には
神様も微笑《ほほえ》んでくれぬがね
やっぱり
わ〜ガガ!!
なにか、
夫婦関係を改善する
コツってないの?
そりゃ
あるがね
あっ、それ私の…
ズズ

「円満な家庭の骨組みは会話でつくられるのだ」

◆家庭円満のカギは妻が握っている

「家庭円満のためのアドバイスってありますか?」。

僕は期待を込めて聞いてみる。

「もちろんだ。我《われ》は長い間人間たちを見てきたからな」。ガガはそう胸を張った。

「家庭円満のカギは妻が握っているがね。なんといっても日本の最高神は女神アマテラスだからな。女神である妻が家庭をうまく回すのだ」

ふむふむ。たしかに日本の最高神は女神。世界の最高神は多くが男性神なのにだ。そう言われれば、家庭の中心は妻だというのも頷《うなず》ける。

「それに家族、特に子供は父親よりも母親の影響を大きく受けるものだがね」

「たしかに、子供はお母さんと過ごす時間が長くなりがちだもんね。善悪の判断から生活習慣まで、影響がありそうだわ」

ワカが考えながら言った。

「『かかあ天下』という言葉があるだろ? これこそ理想の家庭をつくる秘訣《ひけつ》でもあるのだよ」

ガガはそう言って笑みを浮かべる。はて? その真意とは?

妻主導の会話が幸運の扉を開く

「あの、かかあ天下って夫が尻に敷かれているようなイメージがありますが?」。尻に敷かれたくないなあ、と僕は言う。

「ばかもん。今の時代のかかあ天下は、物事を妻がちょっとだけリードするという意味で捉えればいいがね。特に会話さ」

「会話?」

「さよう。円満な家庭には必ず会話がある。それを妻が主導してやるがね。男は会話が苦手なヤツが多いからな」

そう指摘され僕は肩をすくめる。まあ、たしかに。

「でも、どんな会話がいいのかしらね?」。ワカが疑問を口にする。

「楽しい話題を振るのがコツさ。子供の教育だとか家のローンなど、現実的な話題ばかりでは話自体が嫌になりがちだ。美味《うま》い店があったとか、面白い本を見つけたとか、そんなたわいない会話で構わんのだ」

「うん、それならハードル低いわ」。ワカが納得して頷く。

愛し合って結婚した二人に「会話しましょう」というのは変なアドバイスに聞こえるかもしれません。ですがガガによれば、不和になる家庭の一番の特徴は「会話がない」ことなのだそうです。

「たわいないおしゃべりこそが家族の絆《きずな》を深めるのだよ」

「たしかに家族に会話があれば、子供も明るく育ちそうですね」

僕の言葉にガガが笑った。

龍神ガガの教え その2

話を聞いて欲しい妻、聞いてくれない夫

そんな夫婦にアドバイス

家庭が円満になる

話しかけても返事は上の空。
どうも会話がすれ違う……。
話をちゃんと聞かない夫とどう向き合う？

どうしたのかね？
ガガ
タカが私の話を無視するのよ
いや、聞きたくないわけじゃないんだよ。ただ興味がなかっただけで……
あわわ
ガガがせっかく夫婦円満のコツは会話だって言ったのに夫が協力してくれなきゃ意味ないじゃない！
キーッ
そういう夫婦は多いのだよ。どれ、我《われ》がとっておきの秘策を授《さず》けてやるがね

ガガの金言

「相手と自分は違う思考回路であると知るがね」

◆相手は自分と違う考えだと認識する

「家庭円満には会話が大事なのはわかります。でも、夫が妻の話を聞きたがらない場合はどうすれば?」。僕はガガに聞いた。そんな男はきっと多い。

「大事なのは『相手が自分と同じ考え方とは限らん』と認識することだがね」

「たとえば?」

「妻は困ったときに話を聞いて欲しい。しかし、夫はそれを重荷と思って回避したい場合がある。同じ出来事でも反応は千差万別だ」

妻は「聞いてほしい」のに夫は「聞いてくれない」。こんなとき、妻は拒絶されたと感じがちらしい。けれど、困ったことや面倒なことは、自分が意見するより妻に任せたほうがうまくいく、と考える夫もいるのである。

「男と女の違いもあるものね」

妻ワカが悩まし気に眉をひそめる。

「お互いが最善と思っていることがすれ違いのきっかけとは……」。僕は腕組みをした。

「しかし、そんな二人でも、会話のきっかけはちゃんと摑《つか》めるのだよ。それを教えてやるがね」

会話のコツは趣味や嗜好の共有から

「実は男というのは自分の好きなことを話したい生き物なのだよ」

まぁ、たしかにそうだ。「僕も好きな本や感動した映画の話を妻に話しまくりますね」。

「しかもだ」。ガガは語気を強める。

「人に相談するのが苦手な男ほど、自分の趣味や嗜好《しこう》を共有できる相手には心を開きやすいのだ。キッカケがないだけだがね」

思い当たることがある。無口な友人が、好きな漫画の話だと突然饒舌《じょうぜつ》になったりする。なるほど、会話のきっかけは相手の好きなことからつくるのか。

「それから男は変な期待をされるのが苦手だ。そんなときはシリアスな雰囲気にならぬよう、ちょっと心を配るだけで改善される。ポイントは軽くサラリと話題を振ることだ。すると意外にしゃべるヤツも多いのさ」

人の考え方はそれぞれ違います。ましてや男女となればなおさら。相手に期待している人ほど、自分も期待されていると勘違いしてしまいます。そしていつしか、相手にもそれを押しつけてしまう。もっと楽に考えましょう。

「夫婦でも、物事の考え方はそれぞれ。そう思えば、ちゃんとしなきゃ、と自分を追い込むこともなくなるがね」

自分たちの好きな話題でおしゃべりする。楽しいし、家庭も円満になるなら、こんなに安上がりで幸せになれる方法はありません。

龍神ガガの教え その3

家族の間の揉め事をなくしたい

家庭が円満になる

「揉め事が起こる原因は、
ぶつかり合っていないから」
ガガ様の言葉は、いったい
どういうことなのでしょうか。

しかし、どうしてあんなに
よく揉めるのかしら
普段、本音でぶつかり合っていないからさ
ぶつかり合ってないから揉める？
意味がわかりませんが
しかたないがね。我《われ》が詳《くわ》しく説明してやるがね

ガガの金言

「時には本気のぶつかり稽古も必要なのさ」

◆本音がわからないから揉め事が起きるのだよ

「家族間での揉め事は嫌ですよね。できればなくしたいな」。家の中では平穏に過ごしたいのである。

「ほう。では、なぜ揉め事が起きると思うかね?」

「な、なぜと言われても」

僕が困るとガガはニヤリと笑い、続ける。

「相手が何を望んでいるかわからないからさ。だから、時に相手の気持ちにそぐわない行動を取り、相手を怒らせてしまうのだ」

「なるほど。じゃあ望んでいることを相手に伝えればいいわけですね」。僕は手をポンと打つ。

「でも本音を言うって意外と勇気がいるかもね」

妻ワカが言った。

「うーん。たしかに家族だからこそ素直に受け入れられないことも多いよね」

「家族間でも本音で言い合えるようになる方法ってないかしら?」

ワカの問いかけにガガがグッと顎《あご》を引く。

「それにはちょっとしたコツがあるのだよ。では我が教えてやるがね」。そう言ってガガは解説を始める。

◆本音を言い合えるためには　ルールづくりが必要です

「本音というのは時に相手を傷つけることもある。だからこそ、あるルールを覚えておくとよいだろう」

「そのルールとは？」。僕は期待を込めて聞いてみる。

「まず大事なのは『本音を話す』と『感情を出す』は違うということだ。夫に煙草《たばこ》を控えてほしくて『煙草吸うなんてサイテー』と感情のままに言えば、相手との信頼関係は保てない。そんなときは『健康のために煙草は控えてほしいわ』と優しさをもって伝えればいい。本音さえ伝えておけば妻の機嫌が悪いときは自分の煙草のせいかも、と自《おの》ずと感じてくれるはずだ」

「相手を傷つけない伝え方が大事ってことね」。ワカがうんうんと頷《うなず》く。

「次に相手にも反論の余地を与えることだ。自分に不満があるときは相手にも大抵言い分がある。本音を言う分、相手の本音も聞く気持ちが大事なのだ。『仕事のストレスで吸いたくなることがあるんだ』と言われたら、二人で納得のいく落としどころを話し合えばよいだろう」

「みんなそれをせずに、『自分が我慢すれば』と心にモヤモヤを閉じ込めるから、ひずみが生じるのね」

「揉め事が絶えない家庭は、日頃のちょっとした会話がない場合が多いのだよ」

「日頃から何でも話せる環境が大事ってことですね」

僕がそう言うと、ガガはニッコリと微笑《ほほえ》んだ。

龍神ガガの教え その4

家族にもっと家事を手伝ってほしい

家事を分担する気のない家族。
家族の役割分担を決めて、
負担を減らし、不満・イライラを
鎮《しず》める方法とは？

家庭が円満になる

ねえガガ。
家族にもう少し家事を手伝って
ほしいんだけど。
何とかならないかしら
まかせたまえ
期待し過ぎず
ゲーム感覚で
楽しむのが
コツさ
ハハハ

ガガの金言

「人生、ゲーム感覚で楽しめばいいがね」

過度な期待がイライラを生むのだよ

「たまには夫にも家事を手伝ってほしいわけ」

妻ワカの言葉に僕は思わず首をすくめる。

「あ、はい。恐縮です」

「まったくおまえたちは相変わらず面白いがね」

「なによガガ。笑い事じゃないわよ」。ワカが口を尖《とが》らせる。

「おまえはタカに期待しすぎなのだよ。だからイライラするのではないか?」

ガガの言葉にワカはハッとする。

「まあたしかに期待しなければ腹は立たないわね」

人が怒るのは期待を裏切られたときである。だから怒りっぽい人ほど周りに過剰な期待をしているという。

「夫のことは子供と思いたまえ。子供に家事の期待はせんだろ?」

「ま、しないわね」。ワカがシレーっと言う。ぼ、僕は子供か? と思ったが口に出しては言わないでおく。

「ならば、子供をどうやってその気にさせるかをゲーム感覚で楽しみたまえ。そのくらいのユーモアが必要だがね」

✦期待せずにゲーム感覚で楽しむくらいが丁度いい

「具体的にどんなふうにすればいいのかしら?」。ワカが説明を求めた。

「一番多いのは家事ができるのにやらないタイプの夫だ。そのタイプには『自分のほうが上手にやれる』と思い込ませるのがコツさ」。ガガがワカの耳元でコソッと言った。

「ふむふむ、なるほど。だったら褒めるのもいいわね。演技力が試されるわ」。ワカの目がキラーンと光る。

次の日、僕はご満悦だった。

「へー。タカって洗濯物干すの、こんなに上手だったのね! テキパキ早いし、私より向いてるんじゃない?」

「え、そう? まあ、僕も独身時代は自分でやってたからね」。そう言って僕は鼻の穴を膨《ふく》らませる。

「あ、それも僕がやっとく」

「そお? 悪いわね、ありがとう!」。ワカがニカッと満面の笑みを向けてくる。

「ふふん♪ うまくいったわ」。ワカがガガに囁《ささや》いた。するとガガは「ただし」と念を押した。

「なかには本当に家事ができないヤツもいるから注意が必要だ。ヘタにやらせてその尻ぬぐいで、負担が増えたら本末転倒。自分の負担軽減が目的なら諦めるのもひとつの手さ」

「たしかにそれじゃあ意味がないわね」。そう言ってワカがケラケラと笑った瞬間。ベランダで物干しざおが落ちる音が響いた……。

龍神ガガの教え その5

一緒に食卓を囲むすごい効果

家庭が円満になる

一緒に食卓を囲むことで、
会話が生まれるだけでなく、
子供の健康にも良いというデータがあるそうです。

友達が「最近家族との会話がない」って嘆いているのよ。だんだん雰囲気も悪くなるし……
ガガも家庭円満のためには会話が必要だっていうけど。どうやって話せばいいいか わからない家族も多いかもね
やれやれ。おまえたちはそんなこともわからんのかね？
やはり我《われ》が教えるしかないようだな
お願いしまーす

ガガの金言

「一緒に食べる温かいメシ。それが何より大事なのさ」

◆会話は同じ空間を共有することから始まる

「ガガさんは不和になる家庭は会話がないと言いましたが」。僕は首を捻《ひね》り、偉大なる龍神にお伺《うかが》いを立てる。

「会話のきっかけって、意外に難しいんですよね。何かいい方法はありませんか?」

「ふん、簡単な方法があるではないか。タカや、おまえが子供の頃、父親と必ず顔を合わせる時と場所がなかったかね?」

僕は少し考えてから、

「あっ。ご飯の時間がありました!」

夕食はみんなで食べる習慣があったのを思い出した。

「さよう。大事なのは同じ空間を共有する時間を持つことだがね。週に一度か二度くらいは、家族でメシを食う機会をつくるといいだろう」

「それなら、家族同士で情報共有できるし、会話の取っ掛かりもできやすくなるわね」

ワカが言った。

「小さなことだがそれだけで、格段に会話をする機会が増えるのだよ。しかもこれには他にも効果があってな……」

ガガはそう言って、指を立てた。

一緒に食事するだけで子供の健康にも良かった

「子供が健康的な生活を送るためにも、この上なく良いことなのだよ」

「えっ！　そうなの？」

僕は驚いて聞き返す。食事中の会話が子供の健康に良い？　これは詳しく聞きたい。

「まず家族で食事する時間があると、子供の感情面が安定するのだ。『親やきょうだいと話せる時間がある』というだけで、安心するのだよ」

「たしかに私も子供の頃、両親が忙しくて一緒にご飯を食べられなかったときは不安だったな……」

ワカが呟《つぶや》く。実はこれはアメリカの研究でも実証されているそうで、家族で食事をする子供は不安や無関心からくる問題が生じることが少ないという。もちろん学校での成績も良い。

「夫の帰りが遅くても少しくらいなら待って、一緒にメシを食うといいがね」

「それにも何か理由が？」

「優先順位を学ばせるのだよ。夫も食事に間に合うように仕事を調整する努力をする。子供もその時間は遊ぶのをやめる」

「そうか。計画性をもって時間を活用する訓練にもなるわけですね」

「他にも親と会話することで子供同士では身につかん語彙《ごい》力もつき、家族の絆《きずな》も深まるというわけだがね」

食事の目的はご飯を食べることだけではありません。何より会話が増えれば、家庭円満にも近づきます。

龍神ガガの教え その6

共通の話題は簡単につくれます

家庭が円満になる

家族で食卓を囲むとき、
会話のきっかけとして、
案外おすすめのアイテムがあるんです。

ねえガガ、家庭円満のためには
会話が大事なのは
わかったけど……
うん、
そのきっかけが
つかめない家族も多いよね
それならば
共通の話題を
つくればいいのだよ
共通の話題？
やはり
ここは我《われ》の
出番だな
ぜひ!!

ガガの金言

「共通の話題をつくるがね！ それは必ずあるはずだ！」

話題は目の前のことから

僕は早速ガガに聞いた。

「ガガさんは会話のきっかけに一緒に食事をするといいとおっしゃいましたが」

それが家庭円満のコツだと教えられた。だけど……。

「家族でも趣味が違ったり、好きな話題が異なったり、話すことがない場合もあります。何か策はないですか？」

同じ空間にいても話題がなければ会話は始まらない。

「おまえたちの目は節穴か。なければ共通の話題をつくればいいではないか？」

ガガが呆《あき》れたムードで、僕たちの顔を覗《のぞ》き込む。

「一〇〇％、共通点がない人間などいないのだよ。少しは考えたまえ」

「ス、スミマセン……」

「目の前のことで構わんのだ。子供が絆創膏《ばんそうこう》を貼っていたら『どうしたの？』、近所で工事が始まれば『何ができるんだろうね』、雨が降っていたら『雨、大丈夫だった？』。みんなに共通する目の前のことを話すのだ」

「たしかにそれなら簡単だわね」

ワカがうんうんと頷《うなず》く。

✦みんなでテレビを観る、そして話す

するとガガはニヤリと笑い、言葉をつないだ。

「それにもっといいものがあるではないか」

「え、それは一体……？」

僕は身を乗り出して聞いてみる。するとガガはリビングの隅を指差し「あれさ」と言った。その視線の先には、

「テ……テレビですか？」

「さよう。最近は板ばかりに目を落としているヤツも多いようだが、テレビならみんなで観られるだろう」

「板？　あ、スマホですね。たしかに今はスマホで映画などの動画も観られる時代ですから、スマホで済ませる人も多いかも」

僕が言うとガガが「そうなのだよ」と語気を強める。

「せっかくテレビがあるなら家族で一緒に観ればいい。そこに共通の話題が生まれるがね」

「そっか。テレビにはそんな使い方もあるわけね」

ワカがそう言ってテレビのリモコンを操作した。天気予報の画面が映し出された。

「あ、明日は雨なんだ。今日洗濯をしておいてよかったね」

「あら、私はちゃんと確認して洗濯したのよ」

ワカが口を尖《とが》らせる。

「ほらみろ。会話のきっかけができたではないか」

僕たちのやり取りにガガはガハハと笑い声を上げた。

たまにはテレビを観てそれぞれの感想を言い合う。それだけでも家族の会話につながるのです。

龍神ガガの教え その7

いくら掃除しても家族が部屋をちらかして片づけてくれない

家庭が円満になる

家にあふれる夫のもの。
うまく片づけ習慣がつくようにするコツを、
ガガ様に教えてもらいます。

これ捨てるわよ
ダメダメ。大事なものなんだから
私が片づけてもすぐにちらかすんだから
うまく男性心理を利用すればいいのだよ
え？なにかいい方法あるの？
まかせるがね

「一旦しまって。この一言から始めるがね」

男の狩猟本能がものを増やす

「ねえガガ。夫に部屋の片づけをさせるいい方法はないかしら？　特にこんなの、これいらないでしょ」

と、傍《そば》に並べていたミニカーをワカが摘《つま》み上げる。

「あ、ダメダメ。集めてるんだから！」

僕は慌《あわ》てて叫んだ。

「男には狩猟本能があるからな。ものを集めることで、手に入れた獲物を眺《なが》める満足感を得ようとするのだよ」

「ああ、それはわかる気がします」

昔から好きなアイテムを見つけると集めたくなるのは悪い癖。全一〇種類と書かれていると、全部そろえたくなるのは僕だけではないはずだ。

「私からしたら、ただのガラクタにしか見えないんだけど」

ため息交じりにワカが呟《つぶや》くと、ガガが耳打ちした。

「集めたものを捨てると言えば、反発するのが人の心理だがね」

「えー？　困ったなあ」とワカが口を尖《とが》らせる。するとガガはニヤリと笑い、

「その代わりいい方法があるのだよ、それは……」

✦自主的に片づけるよう仕向けるのがコツ

「いいかね。無理に片づけたり捨てようとすれば男は反発し、ものへの執着を強める」

「それはすごく困るわ」

ワカが腕を組んで真剣な顔で頷《うなず》く。

「そこでだ」とガガは続ける。

「自分から片づけるように仕向けるのだよ」

「そんなことできるの？」

ワカはそう言って眉根を寄せた。僕をチラリと見る。

「多くの場合、男はすぐ夢中になるが、飽きるのも早い。それを利用してうまく声をかけるのがコツだがね」

「どういうふうにすればいいの？」。ワカが問いかける。

「一旦しまってくれる？　この一言だがね」

「え、それだけ？」

「さよう。この『一旦』というのがマジックワードなのだ。食事、掃除、作業などの邪魔になるから『一旦しまって』と言われたら拒否はしづらいだろ？」

そのときだけ片づけるのに拒否する理由はないはずだ。

「すると、いちいち出してくるのが面倒になる。それを繰り返せばよいのだ」

「そのうち片づける習慣がついてくれるかも。なるほど」。ワカはそう呟くと、

「タカ。それ、一旦しまってもらえる？」

「え？　ああ。わかった！」

僕はそそくさと片づけを始める。ワカとガガが僕の背中を見て、ほくそ笑んでいることも知らずに。

龍神ガガの教え　その8

感情ではなく、心の中の本音をぶつけてみよう

家庭が円満になる

気持ちを察することができない夫に、
こちらの不満に気づいてもらうには、
どうすればいいのでしょうか。

どうしたのかね？

タカが私の気持ちをわかってくれないのよ！

なるほど。こいつは察するということができんからな、気持ちを伝えるにはコツがあってな……

えっっ？

わぁ～

ガガの金言

「本当の気持ちを伝えたことがあるのかね」

察する力は女性の特権

「夫が妻の気持ちをわかってくれないときはどうすればいいのかしら?」

ワカが口を尖《とが》らせてガガに尋ねた。

「まず男と女の差というものを認識するがね」

「男と女の差?」

僕たちは思わず顔を見合わせる。

「さよう。女は感受性が強く察する力が優れているのだ。『古事記』でも、神様の声を仲介するのは巫女《みこ》だろう?」

「つまり男よりもセンサーが発達してるってことですか?」

僕が尋ねると、ガガは「その通り」と顎を引いた。


「逆に男は察するのが苦手だ。特に仕事以外のことでは注意力や観察力が圧倒的に不足しているヤツが多い」

「だからタカも私が髪を切ったことに気づかなかったりするわけね」

ワカが睨《にら》みつけてくる。
ス、スミマセン……。
「だからっていちいち説明もできないし、どうすればいいのかしらね」

ワカの問いに答えるようにガガがニヤリと笑った。

◆なぜなぜ分析で自分の本心を見つけ、伝えよう

「問題は、察せない夫に自分の気持ちが伝わらないことだろう？　ならば、本当の気持ちを言えばいいのだよ」

え、本当の気持ち？

「私はちゃんと伝えているわよ」とワカが言うと、ガガはチッチッと指を左右に揺らす。

「おまえ昨日、タカに何と言っていたかね？」

ガガに言われ、僕たちは昨日の出来事を思い出す。

「タカの帰りが遅かったから『遅くなるなら連絡くらいしてよ！』って言ったわ」

「だって電話する時間がなかったんだよ。仕方ないだろ」

するとガガは不敵な笑みを浮かべ、

「それは感情をぶつけただけなのだよ。心になぜ？　なぜ？　と問いかけてみたまえ。本音が出てくるはずだがね」

そしてガガは妻に問うた。

「なぜ早く帰って欲しかったのかね？」

「タカの帰りが遅くて心配だったのよ。何かあったんじゃないか？　って不安で」

「つまり不安だった気持ちをわかって欲しかったわけだ。ならば、その気持ちをちゃんと言えばいいがね」

それを聞いて僕は自分がワカを不安にしていたことを初めて知った。「次はちゃんと連絡しよう」と思った。

感情をぶつけるだけではうまく相手に本心が伝わらないもの。心の中の本音を伝えてみましょう。それだけできっと意思が伝わりやすくなるはずですから。

龍神ガガの教え その9

命令ではなく、頼ってみよう

家庭が円満になる

「パートナーが本当にいなくなったときのことを想像してみたまえ」とガガ様は言う。
「家族がいる幸せ」をガガ様に尋ねます。

こういう問題って やっぱり家庭不和から 始まるんだろうね
夫婦のことは他人には わからないよね
離婚
W不倫!?

ねえガガ、龍神様なら こんな問題、 ちゃちゃっと解決 できないわけ？
ふん。 そんなもの我《われ》が アドバイスすれば 簡単に解決するがね
無茶ぶり するなぁ〜
マジで？
さすが偉大なる龍神様。 ぜひともその秘訣を 教えてください！
特に 妻ができる 夫の操縦術なんて 聞きたいわ
仕方ないがね。 特別に 教えてやるがね

ガガの金言

家庭円満のために妻ができることは何だろう?

「ねえガガ。家庭円満のために妻ができることって何かしら?」。妻ワカが首を傾《かし》げて聞いた。

「なんと。おまえ、そんなこともわからんのかね?」。偉大なる龍神の呆《あき》れた声が飛んでくる。

う〜ん、ゴメン。僕もわからない。

「我は長く人間たちを見てきたが、円満な家庭と円満でない家庭ではひとつ大きな違いがあるがね」

「その違いとは?」。僕は期待を込めて聞いた。

「会話さ」

「会話?」

「さよう。円満でない家庭には会話がないのだ。逆に会話さえあれば、だいたいがうまくいく」。ガガはそう言い切った。

「でも話すことがないっていう夫婦もよく聞きますが?」。そんな夫婦の話はよくある。

「そんなもん、自分たちでつくればいいではないか。考えてもみたまえ。もともと好き合って一緒になったのだから、共通の話題すらないなどおかしいだろう? 会話しようとしていないだけなのだ。違うかね?」

ガガの言葉に僕もハッとする。

「たしかに一緒に暮らしていれば、共通の話題がな

いなんてことはありませんよね」

「日頃から、その日あった出来事とか思ったことを話すだけでも違うかも」。ワカもうんうんと頷《うなず》いた。

　ガガはゆっくりと続けた。

「共に暮らしていても言葉にせんとわかり合えないことも多いがね。料理を『美味《おい》しかったよ』と褒められれば妻もうれしかろう。給料日には『ありがとう、お疲れ様』の一言で夫は笑顔になる」

「それに会話があるだけで本音も言いやすくなるわよね」

　ワカの言葉にガガは大きく笑って、「さよう。時にはぶつかることも必要なのだよ」と言った。

　生きていればいろいろなことがある。時には嫌なこともあると思う。そんなときに一人で悩むのではなく、家族に話すことで楽になることも多いもの。それが家族であり、パートナーのありがたさ。

　そして時にはお互いの本音をぶつけ合い、話し合うことが何より大事なこと。

「お互いの主張をぶつけ合うことでお互いの考えをより理解し、信頼を深めることができるのだ。そうやって屈託《くったく》のない話ができる環境こそが円満の秘訣だと思わんかね？　それにだ！」とガガは語気を強めて続ける。

「パートナーが本当にいなくなったときのことを想像してみたまえ。永遠にいると思っているから感謝も湧いてこないだけなのだよ」

　今いる家族、パートナー。不満もあれば、文句もあるのは当然です。だけど、不満を感じることも「家族のいる幸せ」ということを忘れてはいけません。

家庭円満のために
会話が
大事なのは
わかったわ。
でも……
え？
夫がそれに
協力してくれない
場合はどうすれば
いいのかしら？
ねえ、ガガ
えー
いや……。
僕はちゃんと
話をしてるじゃん。
いや、昨日は仕事で
忙しかったし、
面白い本を
読んでる最中
だったから
タカや。
我《われ》が
言ったことを
忘れたのかね
あっ
はい

自分の悪いところは
素直に認める……
ですよね？
よろしいがね
だがな
え、何？
今度は私!?
チラリ
タカの
こういう姿勢は
おまえの責任でも
あるのだよ。
なぜなら……
？

◆家庭円満に関心を持たない夫と「なんで私ばっかり頑張らないといけないの?」と不満そうな妻

「でも、いくら妻が家庭円満のために会話をしようと頑張っても、夫が協力してくれない場合はどうすればいいのかしら?」

ワカが当然の疑問を口にする。妻が頑張っても夫にその気がなければ、会話が成立しないのは当然だ。はたして龍神ガガの見解は?

「それは妻が夫を甘やかしてきただけだがね。そんな夫をつくったのは妻自身でもあるのだ」。ガガがピシャリと言い放つ。

「夫も結婚するまでは、何かしたければ自分で何とかしたはずだ。居心地のいい環境を確保するために自分で努力もしただろう。しかし結婚して『妻がやってくれる』と思ってしまったがために、どんどん妻に甘えてしまい、家庭円満にも自分が協力する必要はないと思っていることが多いのさ」

「うーん、自分で自分の首を絞めてたってことね」。ワカが顔をしかめて言った。

「大事なのは、『過剰に甘やかさないこと』『言いたいことははっきり言う』。このふたつを心がけてみたまえ」

「言いたいことははっきり言う。ここでも会話が大事ってことになるんですね」

やっぱり相手に伝えるには、口に出すしかないということだ。

「じゃあさ」とワカが指をパチンと鳴らした。

「夫にも家事とかをしてもらえばいいんじゃない? 共通の話題にもなるし、夫にも役割を与えることで甘えもなくなるかも」

「たしかに。実際にやった人でないと大変さはわからないものだしね」。僕は素直に同意した。ちなみに我が家ではゴミ出しと風呂掃除は僕の仕事である(笑)。

「ほほう。おまえらにしては良い考えだがね。しかし、それにも少しコツが必要でな」

ガガはそう言って不敵な笑みを浮かべながら続ける。

「男と女はそもそも考え方が違うのだ」

「たとえば?」。僕が説明を促す。

「男は協力することが苦手だ。だから何かをさせるときも余計な口出しをしないのがコツさ」

「でも、それでうまくいかなかったら、ますます妻のストレスが溜《た》まっちゃうわよ」

「結果を見せて苦情を言えばいいのだよ。男は想像するのが苦手だから、一度失敗させて結果を見せるのが効果的なのだ」

僕は過去の自分を思い返して苦笑いを浮かべる。

「あとは家事をさせるにも、命令するのではなく頼るのがコツだ。男は単純だから、自分が頼りにされていると感じるとうれしいものだがね」

「そうそう。単純よね」。ワカが僕をチラ見してケラケラ笑った。ま、否定はしない。

「そういうことだ。タカや、日本の家庭円満のためにこの教えをしっかり伝えるがね!」

いや、命令はダメなんじゃなかったでしたっけ?

まったくこの龍神様には敵《かな》わない(笑)。

◎著者プロフィール

小野寺Ｓ一貴（おのでら えす かずたか）

作家・古事記研究者、1974年8月29日、宮城県気仙沼市生まれ、仙台市在住。山形大学大学院理工学研究科修了。ソニーセミコンダクタにて14年間、技術者として勤務。東日本大震災で故郷の被害を目の当たりにして、政治家の不甲斐なさを痛感。2011年の宮城県議会議員選挙に無所属で立候補するが惨敗。その後「日本のためになにができるか？」を考え、政治と経済を学ぶ。2016年春、妻ワカに付いた龍神ガガに導かれ、神社を巡り日本文化の素晴らしさを知る。著書『妻に龍が付きまして…』『龍神と巡る 命と魂の長いお話』（以上、扶桑社）、『悩みを消して、願いを叶える龍神ノート』（PHP研究所）などの龍神ガガシリーズは累計30万部のベストセラーに。現在も「我の教えを世に広めるがね」というガガの言葉に従い、奮闘している。

【ブログ】「小野寺Ｓ一貴　龍神の胸の内」https://ameblo.jp/team-born/

【メルマガ】「小野寺Ｓ一貴　龍神の胸の内【プレミアム】」（毎週月曜に配信）
https://www.mag2.com/m/0001680885.html

◉装丁　根本佐知子（梔図案室）

◉装画・本文イラスト　坂木浩子

神様に愛されて運がよくなる「龍神ガガの教え」

2021年11月23日　第1版第1刷発行

著　者　小野寺Ｓ一貴
発行者　永田貴之
発行所　株式会社PHP研究所
東京本部　〒135-8137　江東区豊洲5-6-52
第一制作部　☎03-3520-9615（編集）
普及部　☎03-3520-9630（販売）
京都本部　〒601-8411　京都市南区西九条北ノ内町11
PHP INTERFACE　https://www.php.co.jp/

本文デザイン・組版　齋藤稔（株式会社ジーラム）
印刷所　大日本印刷株式会社
製本所　東京美術紙工協業組合

 ISBN978-4-569-85074-0